DÉFENSE

DE

DON JOSEPH MARTINEZ

DE HERVAS,

CONTRE

L'ACCUSATION DE S. EXC. M. P. CEVALLOS.

DÉFENSE

DE

DON JOSEPH MARTINEZ

DE HERVAS,

Chevalier de l'Ambassade de S. M. C. à Paris,
de l'Ordre Royal de Charles III, etc. etc.

CONTRE

L'ACCUSATION CALOMNIEUSE

DE S. EX. M. P. CEVALLOS,

Ex-Ministre de Charles IV, et de tous les gouvernemens qui ont existé en Espagne après l'abdication de ce Monarque; intentée cinq ans après la mort funeste et prématurée dudit Chevalier d'Hervás :

DÉDIÉE

Aux Pères de Famille de tous les pays,

PAR LE MARQUIS D'ALMENARA,

Père de l'Accusé.

A PARIS,

De l'Imprimerie de P. N. ROUGERON, rue de l'Hirondelle, N.° 22.

Septembre 1814.

Da veniam si quid liberius dixi, non ad contumeliam tuam, sed ad defensionem meam. (Div. Aug).

AVERTISSEMENT.

Cette Traduction ne rend pas toute la force de l'original. Celui qui en fait hommage au Public partage la douleur de M. le Marquis d'Almenara, qu'on a si cruellement renouvelée par une accusation à laquelle il n'avait pas lieu de s'attendre.

Ami du chevalier d'Hervás, témoin de sa noble conduite dans toute l'affaire dont il s'agit, le traducteur n'a voulu que payer une dette à la mémoire de cet intéressant jeune homme, en contribuant à la publicité de cette Défense.

Le lecteur, averti de ces motifs, ne jugera point avec rigueur un travail fait à la hâte. Peu d'hommes écrivent avec autant de talent que M. le Marquis d'Almenara. Ceux qu'il honore de son amitié savent aussi combien son ame est sensible et généreuse. Dans cette occasion, le style d'un père qui plaide la cause de son fils devait avoir un mouvement difficile à imiter. Cette version peut donc à peine donner le sens de l'original. Ceux qui n'entendent pas l'espagnol apprécieront la force et la solidité des preuves alléguées par M. le Marquis d'Almenara ; ses compatriotes, subjugués par son éloquence, pleureront avec lui sur les déplorables résultats des dissensions civiles.

E......d.

Pères de famille, vous dont l'ame n'a pas été flétrie par la corruption morale que produisent les discordes publiques, et dont le siècle où nous vivons n'a que trop multiplié les exemples, c'est à vous que je m'adresse; cette cause vous appartient.

Vous seuls pouvez apprécier les larmes d'un père, navré d'une juste douleur. Je n'étais point assez malheureux d'avoir perdu mon fils, dont les talens et les vertus sociales faisaient ma plus douce espérance; il m'était réservé de le voir encore en butte aux poignards de la calomnie dans la tombe où il est enseveli.

Deux filles de l'âge le plus tendre réclament de moi l'accomplissement d'une tâche que m'imposent à la fois la nature, l'honneur et la Divinité même : je dois être le défenseur de ma famille innocente et calomniée : je m'efforcerai de retenir la juste indignation que m'inspire l'accusation infamante par laquelle M. Cevallos a cherché à égarer l'opinion de mes concitoyens, au mépris de toutes les convenances, de tous les principes de la religion et de la morale.

Mon fils, comme Espagnol, comme gentilhomme et comme employé dans la diplomatie, a rempli tous ses devoirs d'une manière irréprochable ; sa conduite doit être citée comme un exemple d'honneur et de loyauté, digne d'être suivi par tous ceux qui entrent dans l'épineuse carrière des affaires publiques.

Il a déjà subi son jugement devant ce tribunal auguste où la justice et la miséricorde ne sont point incompatibles ; où le Juge suprême des puissances de la terre aura fait grace aux faiblesses de l'homme, en faveur des vertus du citoyen.

Il va être jugé maintenant au tribunal plus redoutable de l'opinion publique, dont les maîtres du monde sont forcés de reconnaître l'autorité, devant lequel les réputations usurpées disparaissent, et qui sanctionne à jamais celles qui sont légitimement acquises, quels que soient le rang, la faveur et la fortune où le sort nous ait appelés. Ce tribunal va prononcer entre le Ministre qui a vieilli dans les plus hautes dignités de la monarchie, et le jeune homme dont les premiers pas dans la carrière, et dans les circonstances les plus difficiles qu'on puisse trouver dans les souvenirs de l'histoire, attestent la noblesse de son caractère.

Mais avant de présenter les preuves irrésistibles de l'innocence de mon fils, je dois dire que si M. Cevallos n'était pas celui en qui l'Europe a cru trouver un modèle de loyauté et de saine critique; et si je n'étais pas intimement convaincu que le besoin de conserver une réputation si distinguée lui fait un devoir de donner autant de publicité dans la réparation qu'il en a mis dans l'offense faite à la mémoire de mon fils, j'aurais certainement dédaigné de lui répondre : les hommes de bien peuvent seuls entrer dans une noble et franche explication pour fixer une vérité contestée, sans s'écarter des bornes de la décence et de la politesse.

La fatale inculpation de M. Cevallos est parvenue à ma connaissance au fond d'une province, où m'avait fait chercher un asile le besoin d'éviter à Paris la présence de certaines personnes dont la barbare vanité s'alimente de l'humiliation, et du malheur de ceux mêmes dont ils peuvent avoir oublié les bienfaits, mais dont ils seront forcés toujours de respecter les principes et l'irréprochable conduite *(a)*.

La brochure de M. Cevallos a pour titre : *Observations sur un ouvrage de S. Exc. M. Escoiquiz, intitulé :* EXPOSÉ DES MOTIFS DU VOYAGE DU ROI FERDINAND VII A BAYONNE:

(a) Un jour le Roi permettra de soulever le voile qui couvre le sens mystérieux de ces paroles ; et S. M. n'apprendra pas sans indignation, que, contre ses intentions généreuses, on a excité les gouvernemens étrangers à nous poursuivre d'asile en asile. Alors on pourra recommander à la postérité la plus reculée cette ingénieuse scélératesse qui a su perfectionner la théorie des proscriptions, en ajoutant à la privation du feu et de l'eau, celle de l'usage de la parole.

elle est dédiée par M. P. Cevallos à ses compatriotes. A la page 78 il est dit :

« Le lecteur jugera quelle confiance peut
» mériter une lettre dont l'auteur a la sim-
» plicité de ne point se méfier de la loyauté
» de Don Joseph Martinez de Hervás, com-
» pagnon et confident de Savary pendant le
» voyage de celui-ci à Madrid, beau-frère
» du général Duroc, l'homme de la con-
» fiance la plus intime de Bonaparte. »

Ces expressions ne sont pas équivoques; elles disent de la manière la plus positive que mon fils est *compagnon* et *confident* de Savary, ou, ce qui revient au même, que mon fils est venu au sein de sa patrie, au milieu de ses concitoyens, de sa famille et de ses amis, aux lieux où il avait consacré à l'Etre suprême les prémices de son intelligence, au palais enfin du Roi dont il avait reçu les distinctions dont il était comblé, pour tromper le successeur de son Souverain, l'entraîner à un esclavage sans terme ou peut-être à la mort.... et il était Espagnol!.... et il était employé dans la carrière sacrée de la diplomatie!... Que de crimes!.... quels affreux châtimens ne mérite-t-il pas? Mais où sont les preuves? *Il vient avec Savary!... il est beau-frère de Duroc!...*

Le lecteur devinera sans peine l'émotion douloureuse qu'a dû faire sur moi une accusation aussi atroce : impatient de la repousser, je voudrais pouvoir présenter à la fois toutes les preuves qui démontrent l'innocence de mon fils et qui justifient le sentiment d'orgueil que j'éprouve en l'appelant de ce nom.

Pour recueillir ces preuves, j'écrivis sur-le-champ à MM. Azanza, Ofarrill et Urquijo la lettre suivante.

« Excellence : — Je viens de lire une
» brochure de M. Cevallos, dans laquelle la
» mémoire de mon fils est cruellement in-
» sultée : V. Exc. l'a connu et sait bien les
» principes d'honneur et de loyauté qui
» ont servi de règle à sa conduite politique.

» J'ai pu jusqu'à ce moment adopter la
» prudente mesure de ne pas appeler l'atten-
» tion du public sur des discussions qui pré-

» sentent les plus grands inconvéniens, et
» attendre (*b*) de la justice du Roi, ainsi
» que du bon esprit de ses ministres, la
» proclamation de mon innocence, d'après
» les pétitions respectueuses que j'ai adres-
» sées à S. M. et au gouvernement ; mais
» il est impossible de garder le silence de
» particulier à particulier, et M. de Cevallos
» lui-même, si délicat sur le point d'hon-

(*b*) Ce ménagement paraît être superflu, depuis que MM. Cevallos et Escoiquiz livrent au public des questions de la plus haute conséquence, quoiqu'ils n'aient besoin ni l'un ni l'autre de chercher à réparer des brèches faites à leur réputation personnelle.

L'espérance fondée que nous avons tous de la révocation de la circulaire du 30 mai, que le Roi n'a pu souscrire qu'en cédant à la force des circonstances, nous détermine à éviter toute discussion publique, quelque utile qu'elle pût être à l'éclaircissement de l'affaire dont il s'agit.

Je ne romprai le silence sur ces matières si délicates, qu'avec l'autorisation du Roi. En attendant, je me bornerai, comme je le fais à présent, à ne pas souffrir qu'un particulier attaque mon honneur ou celui de ma famille. Cette modération est un sacrifice que tout bon Espagnol doit à sa patrie dans les circonstances orageuses où elle se trouve.

» neur, trouvera tout naturel et même in-
» dispensable qu'un père défende la mémoire
» de son fils, mort il y a plus de cinq années,
» et dont il semblait que personne ne cher-
» cherait à profaner la cendre.

» Je me vois forcé à invoquer le témoi-
» gnage de V. Exc. sur les faits dont elle
» aurait la certitude, relativement aux di-
» verses occasions où cet infortuné jeune
» homme manifesta hautement que, si les
» Princes de la dynastie de nos Rois légi-
» times tombaient entre les mains de l'em-
» pereur des Français, aucun des membres
» qui la composaient ne reviendrait en
» Espagne occuper le trône de ses ancêtres.

» Je prie V. Exc. de vouloir bien me
» dire tout ce qu'elle sait de positif sur ce
» point que je veux éclaircir jusqu'à l'évi-
» dence, afin que le public renonce à l'idée
» qu'il aurait pu concevoir d'après l'asser-
» tion de M. Cevallos.

» Dieu garde V. Exc. longues années.
» Baugy, en Picardie, le 6 septemb. 1814.

» Le Marquis d'Almenara. »

Le lecteur va voir les réponses qui m'ont été adressées. Je le supplie de ne pas oublier les paroles de M. Cevallos, afin que la comparaison soit plus rapprochée et plus frappante.

Lettre de S. Exc. M. Michel Joseph d'Azanza.

« Excellence : — Je n'avais point l'avan-
» tage de connaître votre fils aîné Don Josef
» Martinez de Hervás, lorsqu'il vint à Ma-
» drid en l'année 1808, en même temps
» que le général français M. Savary, aujour-
» d'hui Duc de Rovigo ; mais alors j'appris
» son arrivée, et quelque temps après je
» sus qu'il avait manifesté à une personne
» de la cour son inquiétude et ses soupçons
» sur les funestes conséquences qui lui parais-
» saient à craindre pour le Roi, notre maî-
» tre, si, cédant aux suggestions dudit géné-
» ral Savary, il se livrait entre les mains de
» l'empereur Napoléon, et qu'il avait ainsi
» témoigné ses craintes, afin que les minis-
» tres de S. M. fussent sur leurs gardes.

» J'entendis également dire, quelque
» temps après, qu'à Victoria, le Roi se
» trouvant dans cette ville, votre fils fit des
» démarches encore plus prononcées auprès
» de quelques personnes de la suite du Roi,
» pour exciter leur défiance et dissuader
» S. M. d'aller à Bayonne, dans la crainte
» que l'empereur ne s'emparât de sa per-
» sonne.

» Après cela je vis et je connus M. votre
» fils plus particulièrement, lorsqu'il vint
» avec sa famille s'établir à Madrid, et qu'il
» y exerça l'emploi de Maître des cérémo-
» nies ; pendant tout ce temps et jusqu'à
» l'époque de sa funeste mort, je ne vis
» en lui que les sentimens et la conduite
» d'un Espagnol plein d'honneur et de zèle
» pour le bien de son pays.

» Voilà ce que je puis vous dire en réponse
» à la lettre que vous m'avez fait l'honneur
» de m'écrire avant-hier.

» Dieu vous garde beaucoup d'années.
» Paris, le 9 septembre 1814. — MICHEL
JOSEPH

» Joseph de Azanza. — A M. le Marquis
» d'Almenara. »

Lettre de S. Exc. M. d'Ofarrill.

« Excellence : — Je satisfais avec em-
» pressement le désir que vous me témoi-
» gnez dans votre lettre d'avant-hier, suivant
» ce que je dois à la vérité, à la justice et
» aux sentimens d'un père qui voit outra-
» ger indignement la mémoire de son fils.

» Il est bien certain que votre fils aîné,
» à son arrivée à Madrid, dans les premiers
» jours d'avril 1808, ayant été chez moi et
» ne m'ayant pas trouvé, vit ma femme, et
» dans une conversation où il était ques-
» tion du voyage de S. M. le Roi Ferdi-
» nand VII, qui se disposait à partir pour
» Bayonne, il s'écria *qu'il ne s'y fierait
» point, et, qu'à sa place, il n'en fe-
» rait rien.* Ce propos me fut aussitôt rap-
» porté, et ce soir-là même, j'en rendis
» compte pour que S. M. en fût parfaite-
» ment instruite.

» Ce n'est pas ici le moment d'examiner

» si un incident de cette nature devait ins-
» pirer une résolution différente de celle qui
» fut adoptée; mais cette simple relation
» d'un fait prouve que votre fils ne chercha
» point à inspirer une confiance contraire à
» ses propres sentimens, et qu'il ne trahit
» pas, dans cette occasion, les principes
» d'honneur et de loyauté dont il ne s'était
» jamais écarté dès le moment où je l'avais
» eu sous mes ordres pendant mon minis-
» tère à Berlin. Dieu vous garde beaucoup
» d'années. Paris, le 8 septembre 1814. —
» Gonsalve Ofarril. — A M. le marquis
» d'Almenara. »

Cette lettre était accompagnée d'un billet dont je dois la publication à la mémoire de mon fils, parce que l'attachement, que des chefs respectables conservent aux jeunes gens qui ont servi auprès d'eux, est toujours un titre flatteur pour ceux qui l'obtiennent; voici le billet. « Mon ami, quoique l'ardeur
» d'un père pour défendre l'honneur de ses
» enfans soit inextinguible, cependant puis-
» que vous avez dans ce moment-ci la plume

» à la main, je me suis empressé de vous
» répondre. Je désire que ma lettre contri-
» bue à rétablir la mémoire de mon cher
» Pepe, et serve de consolation à son père,
» dont je suis et serai toujours le meilleur
» ami. — OFARRILL. — Ce 8 septembre. »

Lettre de S. Exc. M. d'Urquijo.

« Excellence : — Vous désirez que je
» vous dise ce que je sais relativement à la
» conduite de feu votre fils aîné en l'année
» 1808, lorsqu'il fut en Espagne : je vous
» raconterai en peu de mots un fait qui
» prouve sa loyauté et que, sacrifiant tout
» à l'amour de sa patrie et de son Souverain,
» il ne craignit point d'exposer aux plus
» grands dangers sa personne et ses biens,
» pour agir en véritable Espagnol.

» J'arrivai à Victoria presque aussitôt que
» S. M. le Roi Ferdinand VII. Après avoir
» été présenté à S. M., j'eus une conférence
» avec S. Exc. le Duc de l'Infantado au su-
» jet de ce que je pensais sur les dangers du
» voyage du Roi, etc.

» En sortant de cette conférence, je ren-
» contrai votre fils, qui me cherchait; et
» quoiqu'il ne m'eût pas vu depuis onze
» ans, ses premières paroles furent celles-ci:
» *On emmène le Roi et toute la famille,*
» *et ceci est fini? Au nom de ce qu'il y a*
» *de plus saint, parlez, et empêchez*
» *qu'il ne parte.....* Il me dit ensuite qu'à
» Madrid on ne l'avait point voulu écouter;
» il me pria de demander pour lui un mo-
» ment d'audience au Duc de l'Infantado.
» Je parlai à S. Exc. qui voulut bien s'y
» prêter; je lui présentai votre fils, et je
» m'écartai aussitôt qu'ils se mirent à cau-
» ser ensemble. M. le Duc est un gentil-
» homme, il n'aura point oublié ce fait.

» Dans le peu de momens que je restai à
» Victoria, j'entendis répéter plus d'une
» fois à votre fils ce qu'il m'avait dit au
» commencement. Il faut ajouter en honneur
» de la vérité, qu'à son âge et d'après les
» dangers auxquels il exposait sa famille,
» sa conduite tenait de l'héroïsme. J'ai
» l'honneur de vous saluer. — M. L. de

» Urquijo. — A M. le marquis d'Alme-
» nara. »

Il résulte par ces lettres que mon fils qui, d'après M. Cevallos, ne devait inspirer que de la méfiance, est un véritable Espagnol, un homme d'honneur; qu'il brave tous les périls pour empêcher l'effet des suggestions du général dont on l'accuse d'être le compagnon et le confident; qu'il cherche à exciter l'alarme parmi les ministres du Roi; qu'il veut enflammer le zèle de ceux qui l'entourent, qu'il multiplie ses démarches, tantôt par des insinuations non équivoques, tantôt par les instances les plus pressantes; qu'il sollicite des audiences, qu'il réclame l'intervention des personnages les plus rapprochés de la personne du Souverain; et que, par cela même qu'il est venu avec l'émissaire de l'empereur, il redouble ses efforts pour qu'il soit prouvé dans tous les temps qu'un Espagnol ne peut être corrompu ni intimidé quand il s'agit du service de son Prince.

Quelle différence trouvera le Tacite espagnol, dont la main vigoureuse est appelée à tracer notre histoire moderne, entre mon fils tel qu'a voulu le représenter M. Cevallos, et tel qu'il n'a cessé d'être véritablement! Ah! si l'empereur Napoléon existait encore, il m'eût été impossible de publier cette Défense! Quelle leçon pour ceux qui osent condamner sans attendre les preuves! et pourtant M. de Cevallos ne doit pas être confondu avec ces misérables pour qui les injures sont des argumens, qui présentent les calomnies comme des faits, et qui ne sentent pas qu'une insulte dans l'ordre moral ne peut être comparée qu'à l'assassinat dans l'ordre physique.

Les témoignages qui honorent mon fils sont solennels; ils sont irrécusables. Messieurs Azanza et Ofarrill connaissent bien l'un et l'autre les sources d'où ils tiennent les déclarations qu'ils rapportent, et les personnes auxquelles ils les ont communiquées pour que le Roi en fût instruit. M. Urquijo cite le Duc de l'Infantado, et cette citation ne restera pas sans effet; je sais que ce seigneur honora mon fils d'une bonté particulière : il préside aujourd'hui le premier tribunal de la nation, le tribunal où, suivant les lois, je dois être jugé moi-même, si le Roi daigne m'accorder cette faveur. M. le Duc aura donc trouvé l'occasion de commencer à être juste à mon égard, en manifestant généreusement ce qui doit lui être connu relativement à mon fils.

MM. Azanza et Ofarrill ne nomment pas les personnes qu'ils citent ; je respecte leurs motifs : il me paraît même inutile de chercher de nouveaux témoignages après celui de personnes aussi distinguées ; mais s'il était absolument nécessaire de donner plus de latitude à leur déclaration, j'ose croire qu'ils ne s'y refuseraient pas.

Il est très-convenable d'observer que MM. Ofarrill et Urquijo, en avouant qu'ils furent instruits assez à temps des dangers du voyage à Bayonne, et leur devoir étant de s'opposer à ce funeste voyage, ils contractent par leur témoignage même en faveur de mon fils, l'obligation de prouver qu'ils firent tous leurs efforts pour empêcher

S. M. de sortir de l'Espagne ; par conséquent nulle suggestion de ma part, nul soupçon de condescendance de la leur ne peuvent affaiblir le poids de leurs déclarations déjà si recommandables par la seule autorité personnelle de ces messieurs.

Quant à mon fils, pouvait-il faire arriver plus près du monarque les avis du danger qui le menaçait? M. Ofarrill était son ministre de la guerre; M. Urquijo, précédemment ministre d'Etat de Charles IV, venait de recevoir de Ferdinand VII la réparation la plus authentique de l'injuste persécution dont il avait été la victime : ce fait seul le rapprochait intimement du nouveau Souverain. M. le Duc de l'Infantado ne quittait point la personne du Roi; il est impossible que ce seigneur n'ait pas entretenu S. M. d'une affaire dont l'importance devait exclure toutes les autres.

Dans des temps moins critiques, une simple insinuation de personnages aussi considérables aurait suffi pour la justification complette de quiconque l'eût obtenue. Aujourd'hui il faut avoir recours à la honteuse ressource des inductions, pour lui donner du poids et pour que leur témoignage ne soit pas récusé. Je croirais blesser la délicatesse de ces messieurs, s'il n'était pas malheureusement démontré que, par une fatalité inévitable dans le tumulte des discordes civiles, la vérité perd tous ses droits lorsqu'elle ne flatte pas l'opinion ou le parti auquel on s'est attaché.

Il me serait facile d'ajouter une foule d'autres témoignages à ceux que je viens de rapporter ; l'Espagne et la France même m'en offrent de toutes parts : je m'abstiens de les publier pour ne pas compromettre des personnes qui, peut-être, auraient de la répugnance à figurer dans une discussion de cette nature. Dans ces temps de malheur les actes innocens de l'amitié la plus pure, les sentimens de justice ou d'humanité peuvent paraître criminels ; il faut se résoudre à ne pas exiger des sacrifices trop pénibles. Que chacun prenne conseil de son honneur et de sa conscience, et qu'il examine s'il peut concourir au triomphe de ma cause. J'invoque la loyauté de ceux qui peuvent m'aider à la défendre : eh! pourrais-je en douter? Il y aura des hommes généreux qui rougiraient de me laisser seul dans cette glorieuse lutte. Parmi ceux que je ne nomme point, il y a des personnes qui ont suivi une opinion différente de la mienne; d'autres l'ont abandonnée à une époque plus ou moins éloignée, d'autres enfin m'écrivaient de Bayonne à Constantinople où j'étais en qualité de ministre plénipotentiaire du Roi Charles IV : ils m'annonçaient à la fois et la bonne conduite de mon fils, et la conviction où ils étaient de l'impossibilité de changer la destinée de nos Princes sur lesquels il ne nous restait plus qu'à verser d'inutiles larmes; ils ne voyaient plus qu'un parti raisonnable à prendre, celui de réunir toutes les lumières, tous les efforts pour réorganiser la patrie. Maître de ces correspondances, je n'en ferai jamais aucun usage qui puisse compromettre leurs auteurs; je sais aussi-bien que ces amis vertueux respecter les lois de l'honneur et de l'amitié. Si cet écrit arrive jusqu'à eux, peut-être leur appui donnera plus de force à cette Défense où ma propre délicatesse ne m'a point permis de faire usage de tous mes moyens.

Il y a plus. A mon retour de Constantinople en 1809, sans cesse tourmenté de l'idée que le voyage de mon fils avec le général Savary avait pu exciter des impressions fâcheuses; je dirigeai mes premières questions à ce sujet à MM. les Ducs de San Carlos et Escoiquiz, qui se trouvaient à Paris. C'est à ces messieurs à répéter aujourd'hui ce qu'ils n'hésitèrent pas à me répondre pour me rassurer. Pour moi je proteste sur mon honneur que mes paroles furent celles-ci : « Un » jour viendra peut-être où les Espagnols » s'adresseront à vous pour obtenir des cer- » tificats de civisme. » J'ai rappelé ce fait et d'autres de cette nature à ces messieurs. Il a eu lieu à une époque où j'étais loin de prévoir le sort qui m'attendait au dénouement de cette affaire politique; leurs graves occupations ne leur ont pas encore laissé le temps de me répondre; mais enfin je ne réclame d'aucun de ces messieurs la confirmation d'un fait étranger à la justification de mon fils. Pour ce qui me regarde personnellement, des raisonnemens et des données, plus solides que celles qui naissent d'une conversation vague et casuelle, prouveront jusqu'à l'évidence l'impossibilité de flétrir mes principes ou ma conduite.

Je reviens à mon fils : une foule de témoignages irrécusables, rendus par des Français et des Espagnols qui le voyaient habituellement à Madrid et à Bayonne, ne me laisse aucun doute sur ses efforts constamment dirigés à empêcher le départ du Roi pour cette dernière ville; je sais même que les personnes qui tenaient de plus près à la personne de S. M. taxèrent d'imprudence le zèle qu'il mit dans ses démarches multipliées.

Si la malignité s'obstinait encore *à demander ce qu'il venait faire avec le général Savary*, d'après sa conduite je pourrais dire qu'il venait avec le dessein de détourner les malheurs dont la patrie et le Roi étaient menacés. Mais pourquoi me borner à l'avantage de pouvoir ainsi satisfaire à cette question ? Je sais positivement que mon fils en partant de Paris ignorait complètement la mission du général qu'il accompagnait, et qu'il lui fut ordonné de le suivre uniquement à cause de la connaissance qu'il avait de la langue espagnole, tout-à-fait étrangère à l'émissaire de l'empereur.

On pourrait encore me dire : « pourquoi obéit-il à Napoléon, tandis qu'un Espagnol n'avait pas d'ordre à recevoir d'un souverain qui n'était pas le sien ? » Si l'acharnement et la fureur de chercher des crimes est poussée jusques-là, je vais répondre pour lui.

Mon fils obéit aux volontés de l'empereur des Français, parce qu'il n'était pas plus fort que le Souverain Pontife, qui vint de Rome à Paris pour consacrer et légitimer l'auteur de tous les bouleversemens politiques, et tranquilliser par son exemple les consciences religieuses de tous les fidèles ; parce qu'il n'était pas plus fort que tous les Souverains de l'Europe, qui tranquillisèrent aussi les consciences politiques de leurs sujets, par des traités de paix solennels et des alliances de famille qu'ils contractèrent avec ce même Napoléon ; parce que notre cour, depuis l'élévation de celui-ci au consulat, accoutumée à exécuter aveuglément ses ordres communiqués par un aide de camp, à lui livrer ses escadres, ses troupes, ses trésors, un passage au milieu de l'Espagne pour ses expéditions contre le Portugal, à trembler au moindre signe de mécontentement de sa part, aurait sans doute blâmé mon fils de n'avoir pas la plus humble déférence à ses volontés.

Telle était la situation de l'Europe et de l'Espagne, au moment où Ferdinand VII monta sur le trône ; aussi fut-il forcé lui-même avec les autres membres de la famille Royale et les premiers personnages de l'État à lui livrer sa couronne, sa liberté et même sa vie. Alors toute résistance paraissait un délire; tout pliait devant le pouvoir colossal de l'homme qui avait introduit une nouvelle morale politique, et que les autres potentats avaient reconnue.

Qu'il doit paraître inutile ou même ridicule d'entasser tous ces raisonnemens et de choisir des comparaisons si élevées, quand il ne s'agit ici que de justifier l'obéissance passive d'un faible individu presqu'invisible sur la terre! Or, telle est la conséquence nécessaire de ces diffamations actuellement si multipliées parmi nous, que la défense de la plus obscure victime des événemens actuels se rattache immédiatement à la cause de tous les peuples et de tous les souverains! Combien d'injustices ne s'épargnerait-on pas, si on ne s'obstinait à vouloir oublier tout ce qui vient de se passer sous nos yeux? Sur ce point, la défense de mon fils est celle du Roi, de tous ceux dont il était entouré, et de toute l'Europe.

Que les forcenés qui ne trouvent la vertu qu'en eux-mêmes s'occupent à résoudre les problêmes suivans : la réputation du Roi, l'Espagne, toute l'Europe civilisée, tous les Rois de la terre sont intéressés à la solution de ces problêmes : *Dans les crises politiques qui renversent les empires, sommes-nous obligés de prévoir les événemens ! Devons-nous agir d'après des hypothèses ou des inductions qui sont au dessus de tout calcul humain, et pour lesquelles il n'existe aucune donnée absolue et positive ? Devons-nous suivre la marche philosophique du genre humain, vivre conformément à l'époque actuelle et agir comme des hommes formés par le siècle où nous sommes ? Est-il juste, convenable, d'alléguer l'héroisme des sociétés primitives, le patriotisme de l'antiquité, l'esprit chevaleresque du moyen âge, pour faire le procès des hommes et des nations modernes ?*

Ce ne sont point ici des recherches d'une vaine curiosité littéraire ; toutes les questions sont décidées en faveur des Rois qui

se

se prêtent sagement à la force des circonstances, en faveur de tous les simples citoyens qui suivent leur exemple.

 Mon Roi sera le défenseur de mon fils. S. M. connaît les sentimens d'un fils, un jour viendra où elle connaîtra ceux d'un père. Je n'ai pas d'autre héritage à laisser à mes enfans qu'une réputation sans tache ; mon honneur est injustement attaqué ; j'implore la bonté paternelle de mon Roi ; je réclame le témoignage auguste des paroles si précieuses par lesquelles S. M. daigna récompenser le zèle de mon malheureux fils pendant son séjour à Bayonne : « *Hervás, je sais que tu travailles pour nous ; je ne l'oublierai pas.* » Ces paroles mémorables restèrent gravées dans le cœur de mon fils ; mille fois il me les a redites lui-même ; mille fois ceux qui les avaient entendues de la bouche de S. M. me les ont aussi répétées. Ah! si ma faible voix pouvait arriver jusques à mon Souverain, sans doute l'ombre de mon fils serait consolée, ses enfans ne tarderaient point à recevoir le prix de l'héroïque fidélité de leur père, et moi, pour toute vengeance, j'oublierais les injures dont je suis accablé.

Mais si je dois malheureusement renoncer à cette preuve auguste et décisive, on ne doutera pas du moins que celles que j'ai présentées, et qui sont en mon pouvoir, ne suffisent même auprès des tribunaux les plus sévères.

Il résulte donc que mon fils n'a point été *infidèle à son pays, qu'il n'a pas été le compagnon, le confident du général Savary,* sous le rapport de connivence au sujet du voyage du Roi hors du territoire espagnol, et que M. Cevallos manque totalement à la vérité, en tout ce qu'il dit à cet égard, d'autant plus gratuitement que la brochure de M. Escoiquiz, contre laquelle il écrit, et qui ne m'est pas encore parvenue, ne contient, d'après ceux qui l'ont lue, aucune espèce d'indication en faveur de mon fils, ni contre lui.

M. Cevallos ignore peut-être qu'au milieu de cette révolution de l'Espagne, pendant laquelle les noms les plus recommandables ont été profanés, j'avais conservé la douce illusion de voir jusqu'à ce moment le mien et celui de mon fils échapper aux traits de la calomnie, malgré l'évidence où m'avait mis le ministère que j'occupais et les missions multipliées que j'ai remplies dans les provinces; tant il est vrai que mes mains n'ont cessé d'essuyer les larmes des malheureux, que j'ai sauvé une foule de victimes, et que j'ai fait tout le bien possible à mes infortunés concitoyens ! L'itinéraire seul de mes courses dans les provinces en offrirait mille preuves. On pourrait s'y convaincre qu'il ne m'est jamais arrivé de sortir du moindre village sans être accompagné des bénédictions de tous ses habitans.

Il était réservé à ce Ministre d'Etat, à cet homme religieux, d'oublier que je n'ai point cessé d'exister; que je suis entouré d'une famille nombreuse, sur laquelle doit rejaillir la bonne ou la mauvaise conduite de chacun des individus qui la composent. Il est donc un mortel assez dépourvu d'entrailles pour oser troubler la paix d'un tombeau, pour vouloir irriter les peines

3 ★

qui me dévorent dans l'horrible situation où je me trouve! Et tout cela pour l'éphémère satisfaction de triompher dans la question la plus insignifiante ; car il s'agit de savoir si M. Cevallos avait eu le don de prévoir quelle serait la conduite de l'empereur à l'égard de notre Souverain, ou s'il s'était trompé dans ses conjectures : comme s'il pouvait y avoir en Europe une seule personne médiocrement éclairée, qui eût pu méconnaître la politique du gouvernement français à l'égard de la maison de Bourbon, depuis le jour où Louis XVI, l'un des Souverains qui ont fait le plus d'honneur au trône qu'ils occupèrent, succomba sous les coups d'une faction exécrable! Comme si, après la mort héroïque du Duc d'Enghien, le consul Bonaparte n'eût pas dit en plein sénat qu'il ne ferait jamais la paix, tant qu'il existerait un seul prince de cette maison en Europe! Comme si moi-même, qui alors étais considéré comme un bon Espagnol, et me trouvais chargé des affaires de l'Espagne auprès du gouvernement français, je n'eusse pas constamment fait connaître à la cour de Madrid l'opinion publique de cette époque! Comme si enfin les cartons du ministère des affaires étrangères ne contenaient point mes dépêches, et les preuves irrésistibles du projet d'arracher la couronne à nos Souverains, à l'instant où le plus frivole prétexte en fournirait l'occasion! Fallait-il donc être prophète pour deviner ce qui était connu de tout le monde? Fallait-il avoir la perspicacité de M. Cevallos, ou posséder sa profonde érudition historique, pour se méfier d'un cabinet qui ne se donnait point la peine de cacher ses desseins? Ceux qui opinèrent en faveur du voyage du Roi à Bayonne ne cessèrent point d'avoir les plus vives inquiétudes sur les résultats de ce voyage; et j'entrevois, malgré le peu de données que j'ai pour apprécier cette démarche, que ceux-là mêmes qui la conseillèrent ne firent que choisir parmi les dangers de toute espèce dont le Roi était menacé. Si, au lieu de faits si récens, M. Cevallos aime mieux citer l'exemple de *Siphax* et de

Sapor, on ne sera pas tenté de lui contester le mérite de l'érudition, parce qu'enfin ces antiques personnages n'ont plus de parens intéressés à les défendre, ni à solliciter la réparation d'une injure faite à leur mémoire. Ce qu'il y a de vrai dans toute cette affaire, c'est qu'au moment où les malheurs publics sont finis, les vaines disputes devraient également cesser, et les hommes de bien jouir du repos dont ils ne méritèrent jamais d'être privés.

Le maréchal Duroc, Duc de Frioul, dont on veut me rendre l'alliance de famille si funeste, et que M. Cevallos exhume si mal à propos, pour le rendre confident ou complice d'attentats politiques, réclame du champ d'honneur, où, comme ses ancêtres, il mourut en servant sa patrie, la voix éloquente qui fut chargée de payer un tribut à sa mémoire. L'orateur (c), à qui cette honorable tâche est réservée, rappellera sans doute cette foule d'hommes privilégiés par la nature, qui,

---

(c) M.' Villemain.

placés par des circonstances diverses auprès des tyrans les plus abhorrés, conservèrent, au milieu de la corruption des palais et dans le désordre des cours, une vertu sans tache dont l'histoire nous a gardé le souvenir.

Il ne m'appartient pas de me livrer à des réflexions qui puissent offenser l'ami, le chef et le souverain de Duroc; je veux seulement prouver que les relations de famille et les places qu'on occupe ne doivent pas fixer l'opinion qu'on doit avoir de nous; car enfin, dans une époque illustrée par tant de crimes, quel homme serait assez heureux pour n'avoir aucune espèce de rapport avec quelqu'un de ceux qui en ont commis?

M. Cevallos a demandé et obtenu pour son compte l'application de cette doctrine. Aussi a-t-il le bonheur de vivre au sein de son pays, de pouvoir dédier ses ouvrages à ses concitoyens, d'être jugé digne de sa patrie; tandis que moi, privé de la mienne et de toute communication avec elle, je perds tout, jusques au nom d'Espagnol, que j'ai été long-temps fier de porter, et que je crois avoir honoré moi-même pendant les deux tiers de ma vie. Et cependant le timon des affaires se trouvait dans les mains de M. Cevallos au moment où le vaisseau de l'Etat faisait naufrage, tandis que je servais mon pays à mille lieues de distance du théâtre où les crimes ont été commis, si toutefois il y a eu des crimes ! Quel contraste !

M. Cevallos répétera ce qu'il a dit dans tous ses écrits, *qu'il ne savait rien, qu'il ne faisait rien par lui-même, qu'il n'était responsable en aucune manière*; mais il assure aujourd'hui *qu'il prévoyait tout, qu'il connaissait tout, qu'il désapprouvait tout.* Eh ! pourquoi donc ne nous en a-t-il rien fait connaître avant la fatale catastrophe ? Tous les employés dans les cours étrangères n'ont-ils pas reçu ses ordres au nom de Charles IV, de Ferdinand VII et de *Joseph 1.er* ? N'a-t-il pas toujours su trouver des motifs plausibles pour justifier ses transitions, ses protestations ; pour s'excuser d'avoir induit en erreur ceux qui obéissaient à ses ordres, ou se conduisaient d'après son exemple ? Ignorait-il qu'un homme qui aspire, comme lui, à la gloire du stoïcisme le plus rigide, ne pouvait, sans se déshonorer, occuper un ministère (sur-tout dans un pays où les ordres d'un ministre sont des lois irrésistibles), quand il était forcé de communiquer des mesures qu'il savait être contraires à l'intérêt général ?

Ces questions, qui me paraissent embarrassantes, M. Cevallos saura peut-être les résoudre à la satisfaction de ceux qui ne pensent pas que les hommes, chargés du gouvernement des peuples, soient obligés de braver tous les périls et même de mourir à leur poste, comme le soldat dans le rang de l'armée où le sort l'a placé.

Mais les faits que j'ai développés dans ces réflexions sont notoires, et fournissent des conséquences moins favorables à M. Cevallos que les preuves ou les indices de complicité dont il n'a pas craint de charger la mémoire de mon fils.

Tout le monde sait (et qui peut le révoquer en doute?) que la prudence ordonne de se méfier de quelqu'un dont l'intérêt se trouve en contradiction avec ce qu'il veut nous persuader : cependant au lieu d'avoir cherché à favoriser la sortie du Roi de l'Espagne, il est prouvé que mon fils s'y est constamment opposé. Et même en accordant que lui ou tout autre eût conseillé ce funeste voyage, quelle preuve s'en suivrait-il contre sa moralité, ou sa fidélité à sa patrie ? Ne pouvait-on pas croire que le Roi terminerait heureusement ses affaires à Bayonne, et que l'empereur n'oserait point fouler aux pieds toutes les lois de la morale publique et de l'hospitalité, à la face de tous les peuples et à une époque de civilisation aussi générale ? Quand même l'empereur en eût conçu le projet dans sa pensée, n'est-il pas vraisemblable qu'il en eût gardé le secret pour lui seul et n'eût dit à ses émissaires que ce qu'il voulait qu'on crût qu'il avait le dessein d'exécuter ? M. Cevallos est trop grand politique pour ignorer que plus d'une fois les ambassadeurs eux-mêmes ne connaissent pas les véritables intentions de leurs cabinets. Sans chercher des exemples éloignés de notre sujet, il est généralement reconnu, que l'ambassadeur de France auprès de notre cour croyait de la meilleure foi du monde que l'empereur Napoléon était le plus solide appui de notre jeune Monarque.

Dans cette hypothèse, M. Cevallos a pu être injuste même à l'égard du général Savary; mais il l'est sans excuse à l'égard de mon fils qui, par son âge et sa qualité d'étranger, pouvait naturellement être soupçonné d'avoir la noble tentation de s'immortaliser en faisant échouer l'entreprise. En un mot, si les relations de mon fils avec *Duroc* suffisent pour autoriser M. Cevallos à regarder non seulement comme possible, mais comme démontrée, la *confidence* ou la *complicité* de mon fils dans ce crime épouvantable, quoique sa moralité n'eût été compromise par aucune autre donnée antérieure, M. Cevallos, dis-je, se flatterait-il d'être plus soupçonneux et plus clairvoyant que Napoléon lui-même? et celui-ci pouvait-il oublier les relations de mon fils avec l'Espagne, et que du moins la réputation d'un homme d'honneur ne lui était pas contestée?

Ces réflexions, indépendantes des preuves positives que j'ai alléguées, doivent suffire pour démontrer que, s'il est permis à M. Cevallos de penser d'une manière injurieuse aux autres, il n'a nullement le droit de prononcer des inculpations atroces sans autre appui que ses propres conjectures. Je veux bien lui faire la grace de croire qu'il n'a pas eu connaissance des démarches généreuses de mon fils; mais il est bien extraordinaire qu'un Ministre des affaires étrangères, dans une circonstance aussi grave, se trouve dans un pareil isolement, et soit privé de toute communication avec les personnes qui entouraient le Roi; il n'est pas moins étonnant que ces personnes ne lui aient donné aucun détail sur les avertissemens qu'elles avaient reçus, et que M. Cevallos lui-même n'ait employé aucun moyen pour examiner un Espagnol dont il était le chef particulier, en sa qualité de ministre d'Etat, et qui, d'après ce qu'il en dit aujourd'hui, était à ses yeux le confident dn général Savary.

Mais allons plus loin: M. Cevallos nous a dit en je ne sais combien de brochures, que les relations de parenté étaient une donnée insuffisante pour en déduire la complicité dans les crimes commis par un individu d'une famille. Je le remercie de m'avoir fourni cet argument contre lui-même. N'a-t-il pas étourdi l'Europe du bruit de sa rare fidélité qu'il a su rendre compatible avec les liens du sang qui l'unissaient au Prince de la Paix? L'Europe entière ne l'a-t-elle pas cru sur sa parole, malgré que M. Cevallos ne dût qu'à la faveur de son parent son élévation inespérée, sa conservation dans le ministère, et les honneurs et les distinctions extraordinaires qui furent la récompense de ses services?

Pourquoi donc mon fils, qui ne devait rien ni au maréchal Duroc, ni à l'empereur, ni à aucun Français, et qui tenait uniquement des bontés de son Souverain et son existence et sa considération, long-temps avant d'être le beau-frère de Duroc; pourquoi, dis-je, mon fils serait-il donc soupçonné d'avoir sacrifié son honneur, sa conscience et son patriotisme à Duroc, à l'empereur, et même à son père? La vertu est-elle un don exclusif que le ciel ait accordé aux prières de M. Cevallos? Mon fils n'était-il pas aussi le compatriote de *Guzman le Bon*? Pourquoi n'eût-il pas lui-même fourni le poignard pour égorger sa famille plutôt que de la déshonorer ? M. Cevallos doit savoir que mes enfans ont appris en même temps que les principes de la religion, ce qu'ils doivent à leur Prince et à leur patrie ?

Pour établir enfin un rapprochement décisif entre la conduite de M. Cevallos et celle de mon fils, il me reste encore à dire que M. Cevallos n'eut la franchise de révéler au public son opinion sur les erreurs et les crimes de son bienfaiteur, le Prince de la Paix, que lorsque celui-ci, précipité du faîte des grandeurs, chargé d'outrages, conspué par plus vile populace, ne pouvait plus lui rappeler les bienfaits dont il l'avait comblé, et lorsque le Monarque qui était leur commun appui fut descendu du trône.

Mon fils, au contraire, n'attendit point que la fortune eût abandonné l'empereur, il ne calcula point ses avantages personnels; il brava le terrible danger de compromettre une sœur qu'il adorait, un frère qui apprenait l'art de la guerre dans les armées françaises, son père employé dans la carrière diplomatique dont il paralysait l'avancement, ou dont il préparait la disgrace; il ne craignit ni la perte de sa liberté, ni celle de sa vie, que tant d'autres qui se font un horrible plaisir d'insulter à notre malheur ne cessent d'alléguer aujourd'hui, pour justifier des actes de complaisance qu'on ne leur demandait pas. Mon fils, étranger à tout autre intérêt qu'à celui de son Roi, remplit noblement tous les devoirs qui lui étaient prescrits par l'honneur et la loyauté de ses principes.

Je suis profondément affligé d'avoir été forcé de publier cette Défense; il est possible que cet écrit porte atteinte à la réputation que M. de Cevallos a si justement acquise; j'en suis d'autant plus affligé, que moi-même j'ai cru que M. de Cevallos était digne de la considération dont il jouit encore; mais, par cette même raison, j'espère qu'il ne résistera pas à l'évidence des preuves qui rétablissent l'honneur de mon fils, et qu'il s'empressera de réparer publiquement le tort qu'a pu lui faire l'injuste accusation hasardée contre lui.

Alors j'aurai la double satisfaction de

reconnaître, dans M. Cevallos, un homme sincère et juste, et d'avoir obtenu la réparation que je sollicite.

Si, contre mon attente, il se refusait à l'évidence des preuves que j'ai données, mes moyens de défense ne sont pas épuisés. M. de Cevallos a été l'agresseur; il sait qu'il faut avoir une ame vile et basse pour supporter une vie dévouée à l'opprobre : je ne respecterai plus les bornes de la modération, je choisirai pour texte de mon premier écrit ces paroles de l'immortel CERVANTES :

Tu mens ; ici il n'y a point de traîtres. . . . . . Quand il s'agit de recouvrer l'honneur qu'on nous ravit, il n'y a plus d'excès ; tout est légitime.

FIN.